BEI GRIN MACHT SICH IHR WISSEN BEZAHLT

AF135902

- Wir veröffentlichen Ihre Hausarbeit, Bachelor- und Masterarbeit

- Ihr eigenes eBook und Buch - weltweit in allen wichtigen Shops

- Verdienen Sie an jedem Verkauf

Jetzt bei www.GRIN.com hochladen und kostenlos publizieren

Trainingslehre II. Beweglichkeits- und Koordinationstraining

Erstellung eines Trainingsplans für einen 25-jährigen Mann

Regina Wenzinger

Bibliografische Information der Deutschen Nationalbibliothek:

Die Deutsche Nationalbibliothek verzeichnet diese Publikation in der Deutschen Nationalbibliografie; detaillierte bibliografische Daten sind im Internet über http://dnb.d-nb.de abrufbar.

ISBN: 9783346273895
Dieses Buch ist auch als E-Book erhältlich.

Druck und Bindung: Books on Demand GmbH, Norderstedt Germany
Gedruckt auf säurefreiem Papier aus verantwortungsvollen Quellen

Das vorliegende Werk wurde sorgfältig erarbeitet. Dennoch übernehmen Autoren und Verlag für die Richtigkeit von Angaben, Hinweisen, Links und Ratschlägen sowie eventuelle Druckfehler keine Haftung.

Das Buch bei GRIN: https://www.grin.com/document/942099

Deutsche Hochschule für
Prävention und Gesundheitsmanagement
Hermann Neuberger Sportschule 3
66123 Saarbrücken

Einsendeaufgabe

Fachmodul:	Trainingslehre 3
Studiengang:	Bachelor Gesundheitsmanagement
Datum **Präsenzphase:**	16.03.2020 – 18.03.2010
Name, Vorname:	
Studienort:	**München**
Semester:	**SS18**

Inhaltsverzeichnis

1 Diagnose

Im Rahmen eines Eingangsgespräches wurden relevante Daten, der zu trainierenden Person X, erhoben und bewertet. Um einen individuell angepassten Trainingsplan zu erstellengilt es, die Leistungsfähigkeit in Bezug auf die Trainingsplanung zu beurteilen.

1.1 Allgemeine und biometrische Daten

Tab. 1: Personendaten Herr X

Alter	25 Jahre
Geschlecht	Männlich
Größe	170 cm
Gewicht	72 kg
Berufliche Tätigkeit	Student (hauptsächlich sitzend)
Sportliche Tätigkeiten	*Aktuell:* Krafttraining 3x wöchentlich (seit 3 Jahr) Laufen 1x wöchentlich (seit 1 Jahr) *Früher:* Boxen 2x wöchentlich (bis zum Alter von 20)
Leistungsstufe	Beginner / Intermediate
Zeitlicher Verfügungsrahmen	3 – 4 x pro Woche; je 60 – 90 Minuten
Allgemeiner Gesundheitszustand	Keine Vorerkrankungen, keine Medikamente, Rückenverspannungen, Nackenschmerzen
Trainingsmotive	Beweglichkeit erhöhen, Gleichgewicht verbessern

Nach Erhebung der in Tabelle 1 aufgeführten Daten von Herrn X, können keine Kontraindikationen festgestellt werden. Es liegen weder internistische noch orthopädische Probleme vor. Der Kunde ist derzeit in keiner medizinischen Behandlung. Sonstige gesundheitliche Einschränkungen liegen, laut Einschätzung seines Hausarztes, nicht vor. Aufgrund der vom Klienten beschriebenen Rückenverspannungen, liegt allerdings eine hausärztliche Empfehlung zum Beweglichkeitstraining vor. Die Gleichgewichtsdefizite sind ebenfalls subjektiv empfunden und müssen anhand einer Testung belegt werden. Bei einem Eingangsgespräch mit Herrn X, äußerte dieser den Wunsch seine Beweglichkeit in der Brust zu erhöhen. Laut eigener Aussage hat der Klient häufig Probleme im Krafttraining eine Langhantel am oberen Rücken zu platzieren, da sich die Spannung im Brustbereich zu intensiv anfühlt. Auch bei Einbeinigen Übungen klagt Herr X über Schwierigkeiten. Nach eigenem Empfinden dehnt sich Herr X manchmal vor bzw. nach seinem

Krafttraining jedoch ohne spezifischen Trainingsplan. Seine individuellen Wünsche werden im weiteren Verlauf in die Trainingsplanung mit einbezogen. Zusammenfassend kann der allgemeine Gesundheitszustand als gut eingestuft werden.

2 Beweglichkeitstestung

„Beweglichkeit ist die Fähigkeit, Bewegungen willkürlich und gezielt mit der erforderlichen bzw. optimalen Schwingungsweite der beteiligten Gelenke ausführen zu können." (Martin et al., 1993, S. 214).

Eine Beweglichkeitstestung vor der Erstellung eines Trainingsplans ist zwingend notwendig, um die in der Definition von Martin et al. angegebene „Schwingungsweite" zu erfassen. Das Training muss in Hinsicht auf die individuellen körperlichen Herausforderungen angepasst werden. Eine objektive Einschätzung von Beweglichkeitsdefiziten, wird anhand des Muskelfunktionstests nach Janda (2000), festgestellt. Um einen reibungslosen Ablauf zu gewährleisten wird Herr X im Vorfeld darüber informiert, lockere Kleidung zu tragen. Zudem wird die Testung der unten aufgeführten Muskelgruppen bilateral von einem geschulten Trainer durchgeführt. Alle Inhalte werden nach dem vom Janda (2000) entwickelten „manuellen Muskelfunktionsdiagnostik" durchgeführt.

2.1 Brustmuskulatur (M. pectoralis major)

Herr X liegt auf einer Behandlungsliege in Rückenlage. Die Beine sind aufgestellt um das Becken zu fixieren. Dabei gilt es den Vollkontakt der Füße zur Liege aufrechtzuerhalten. Die Testperson liegt seitlich am Rand der Liege, während der zu testende Arm an gleichnamigem Rand überhängt. Der Trainer fixiert den Thorax in diagonaler Richtung zur getesteten Seite. Um eine Anhebung der Lendenwirbelsäule (LWS) zu vermeiden, spannt Herr X die Bauchmuskulatur an. Das Ellbogengelenk wird in einen Winkel von 90 Grad gebracht. Der hängende Arm wird nun im Schultergelenk abduziert und außenrotiert. Messbereich für die Brustmuskulatur ist die Position des Oberarmes zur Horizontalen.

Tab. 2: Testauswertung Brustmuskulatur (modifiziert nach Janda, 200, S.271)

Stufe 0	**Keine Beweglichkeitsdefizite;** Oberarm erreicht Horizontale; durch leichten Druck des Testers kann Oberarm unter Horizontale bewegt werden.
Stufe 1	**Leichte Beweglichkeitsdefizite;** Oberarm erreicht die Horizontale nicht; durch leichten Druck des Testers kann Oberarm bis zur Horizontalen bewegt werden
Stufe 2	**Deutliche Beweglichkeitsdefizite;** Oberarm erreicht Horizontale nicht

2.2 Hüftbeugemuskulatur (speziell M. iliopsoas)

Der Probanden liegt in Rückenlage am unteren Rand der Behandlungsliege, sodass das Gesäß mit der Liege abschließt und die Beine überhängen. Herr X zieht ein Bein maximal zum Körper heran, während das zweite Bein weiterhin im Überhang ist. Ein Zug am angewinkelten Bein unterstützt zusätzlich die Fixierung des Beckens um eine Hyperlordose zu vermeiden. Bei Bedarf kann der Tester beim Festhalten des angewinkelten Beins helfen. Der Tester stellt konstant sicher, dass die Lendenwirbelsäule Kontakt mit der Unterlage hat. Messbereich ist die Position des freien Beins in Relation zum Hüftbeugewinkel bzw. der Körperlängsachse.

Tab. 3: Testauswertung Hüftbeugemuskulatur (modifiziert nach Janda, 2000, S. 259)

Stufe 0	**Keine Beweglichkeitsdefizite;** Oberschenkel erreicht Horizontale; durch leichten Druck kann Oberschenkel unter Horizontale gebracht werden.
Stufe 1	**Leichte Beweglichkeitsdefizite;** Durch Druck des Testers kann Oberschenkel bis zur Horizontale beweget werden.
Stufe 2	**Deutliche Beweglichkeitsdefizite;** Durch Druck des Testers kann Oberschenkel nicht bis zur Horizontale bewegt werden.

2.3 Kniestreckmuskulatur (speziell M. rectus femoris)

Herr X liegt in Rückenlage auf der Behandlungsliege. Das Gesäß schließt am unteren Rand mit der Liege ab und die Beine hängen locker über. Ein Bein wird angewinkelt und maximal zum Thorax herangezogen. Ein Lösen der LWS von der Liege bzw. ein Anheben des Beckens wird dadurch vermieden. Der Tester kontrolliert dennoch den Kontakt zwischen Liege und LWS. Das freie Bein wird durch den Tester zuerst im maximalen Hüftextensionswinkel fixiert und anschließend maximal im Kniegelenk gebeugt. Messbereich ist der Kniebeugewinkel.

Tab. 4: Testauswertung Kniestreckmuskulatur (modifiziert nach Janda, 2000, S.259)

Stufe 0	**Keine Beweglichkeitsdefizite;**
	Unterschenkel hängt senkrecht herab; durch leichten Druck des Testers kann die Kniebeugung vergrößert werden.
Stufe 1	**Leichte Beweglichkeitsdefizite;**
	Unterschenkel ist leicht nach vorne gestreckt; durch leichten Druck kann ein 90° Beugewinkel im Knie erreicht werden.
Stufe 2	**Deutliche Beweglichkeitsdefizite;**
	Unterschenkel ist deutlich nach vorne gestreckt; auch durch Druck des Testers wird der Kniebeugewinkel von 90° nicht erreicht.

2.4 Kniebeugemuskulatur (Mm. ischiocrurales)

Der Proband liegt Rückseitig auf der Behandlungsliege. Das freie Bein ist im Knie- sowie Hüftgelenk gebeugt und steht auf der Auflage. Das zu testende Bein ist im Kniegelenk gestreckt und wird vom Tester in eine maximale Hüftflexion geführt. Die Patella wird nicht fixiert, der Tester berührt ausschließlich Wade bzw. Fußgelenk und den Oberschenkel. Eine Hyperlordose sowie eine Veränderung des Winkels im Kniegelenk (Testbein) gilt als Manipulation und wird durch Fixierung vermieden. Der Messbereich ist der Hüftbeugewinkel (Beinachse und Longitudinalachse).

Tab. 5: Testauswertung Kniebeugemuskulatur (modifiziert nach Janda, 2000, S.262)

Stufe 0	**Keine Beweglichkeitsdefizite;**
	Flexion im Hüftgelenk von 90° möglich;
Stufe 1	**Leichte Beweglichkeitsdefizite;**
	Flexion im Hüftgelenk zwischen 80-90° möglich
Stufe 2	**Deutliche Beweglichkeitsdefizite;**
	Flexion im Hüftgelenk ist nur unter 80° möglich

2.5 Wadenmuskulatur (Mm. triceps surae)

Die einzunehmende Position ist erneut die Rückenlage auf der Behandlungsliege. Das freie Bein steht angewinkelt auf der Unterlage. Das zu testende Bein ist gestreckt und ragt ab der Hälfte des Unterschenkels über die Liege hinaus. Der Tester greift mit einer Hand das zu testende Bein distal am Fersenbein und mit der anderen Hand den Fuß an der Außenkante. Um die maximale Dorsalextension zu testen, übt er Zug an der Ferse aus bei gleichzeitigem leichtem Druck am äußeren Fußrand (Richtung Schienbein). Bei gestrecktem Kniegelenk wird hauptsächlich der M. gastrocnemius getestet, wohingegen bei gebeugtem Knie und gleicher Testdurchführung isoliert der M. soleus bewertet wird.

Tab. 6: Testauswertung Wadenmuskulatur (modifiziert nach Janda, 2000, S.259)

Stufe 0	**Keine Beweglichkeitsdefizite;** Eine Dorsalextension bis zur 0° Stellung (und darüber hinaus) möglich
Stufe 1	**Leichte Beweglichkeitsdefizite;** die 0° Stellung wird nicht erreicht, Dorsalextension möglich
Stufe 2	**Deutliche Beweglichkeitsdefizite;** Dorsalextension nur bis 10° unterhalb der 0° Stellung möglich

2.6 Bewertung der Testergebnisse

Tab. 7: Testauswertung Herr X

	Brustmuskulatur		Hüftbeugemuskulatur		Kniestreckmuskulatur		Kniebeugemuskulatur		Wadenmuskulatur	
	Links	Rechts	Links	Rechts	Links	Rechts	Links	Rechts	Links	Rechts
Stufe 0			x	x			x	x	x	x
Stufe 1					x	x				
Stufe 2	x	x								

Nach der manuellen Muskelfunktionsdiagnostik aller relevanten Gelenksysteme und deren beteiligten Muskeln, konnte die von Herrn X beschriebenen eingeschränkte Beweglichkeit bestätigt werden. Besonders der große Brustmuskel weist eine limitierte Mobilität auf. Trotz Druck des Testers konnte der Oberarm nicht unter die Horizontale gebracht

werden und erreicht somit Stufe 2 des Bewertungssystems. Auch die gesamte Knie-
streckstreckmuskulatur ist im Bewegungsumfang eingeschränkt, konnte allerdings mit
leichtem Druck des Testers in einen 90° Winkel gebeugt werden. Beide Beweglichkeits-
defizite sind vermutlich auf die ausschließlich sitzende Haltung im Studium zurückzu-
führen. Die gebeugte Haltung beim Schreiben bedingt die Krümmung im oberen Rücken
und damit eine Kontraktion im M. pectoralis major. Ebenso wird der Hüftbeuger im Sit-
zen kontrahiert was dauerhafte Verspannungen verursacht. Eine sportartspezifische
Adaption der genannten Muskeln scheint möglich. Da Herr X die Sportart Boxen allerdings nicht mehr aktiv ausübt, sollte die mit der Anpassung einhergehende Haltungs-
schwäche, in einem Dehntraining verbessert werden. Das Beweglichkeitstraining wird
sich primär auf die, aus der Testung hervorgegangenen, Defizite beziehen.

3 Trainingsplanung Beweglichkeitstraining

3.1 Belastungsgefüge

Nach dem, unter 1.1 aufgeführten Eingangsgespräch, kann Herr X im Bereich Kraftsport
als Intermediate eingestuft werden. Außerdem verfügt er über sportliche Vorerfahrung im
Bereich Boxen. Es kann daher von einer erhöhten Belastbarkeit in Bezug auf die Kraft-
fähigkeit ausgegangen werden. Aufgrund seiner sportlichen Leistungen, stellen seine ko-
ordinativen Fähigkeiten keinen limitierenden Faktor dar. Zudem verfügt er über eine ge-
wisse Vorerfahrung mit Dehnübungen. Dieser führt Herr X laut eigener Aussage im Rahmen seines Kraftsportes aus. Als Vorrausetzung für eine langfristige Verbesserung seiner
Beweglichkeit, sollte die Minimaldosis von zwei bis drei Dehneinheiten pro Woche als
Mindestmaß gewählt werden. Dieser Umfang kann bei Trainingsbeginnern die Beweglichkeit verbessern, wohingegen sie bei erfahrenen Sportlern, mit guter Beweglichkeit,
diese sichern können (Rancour, Holmes & Cipriani, 2009). Liegen die Einheiten unter-
halb des Minimalprogrammes, wird das Training wahrscheinlich unwirksam sein (Franco
et al., 2008). Eine Dehndauer von 45 Sekunden gilt als ausreichend (Schönthaler & Ohlendorf, 2002). Die Wiederholungszahl ist an die Dehndauern anzupassen und sollte laut
Freiwald (2004) bei dynamischen Dehnungen bis zu 15 Wiederholungen pro Satz betra-
gen. In einer Studie von Marschall (1999) zeigte eine submaximale bis maximale Dehnung eine signifikante Verbesserung der Beweglichkeit. Maximales Dehnen bedeutet, das

größtmögliche Gefühl der Dehnung herbeizuführen und dieses sofort nach Erreichen wieder aufzulösen. Auch Schönthaler und Ohlendorf (2002) kamen bei einer Studie zu ähnlichen Ergebnissen. Studien zur Serienzahl des Beweglichkeitstrainings sind rar und kommen häufig zu unterschiedlichen Resultaten. Aus sportwissenschaftlicher Sicht ist eine Serie, mit bis zu 4 Sätzen, sinnvoll. Die Einheiten werden an den belastungsfreien Tagen absolviert. Tabelle 8 zeigt die relevanten Belastungsparameter, im Sinne eines Minimalprogramms, für das Dehntraining des Klienten.

Tab. 8: Belastungsgefüge Dehntraining Herr X

Belastungsparameter	Minimalprogramm angepasst an Klienten
Häufigkeit pro Woche	2 – 4
Serienzahl	3 – 4
Wiederholungen pro Satz	10 - 15
Dehndauer in Sekunden	30 – 45
Intensität	Max. Dehnung

3.2 Übungsauswahl und Durchführung

Bei dem für Herrn X erstellten Dehntraining, werden in Tabelle 9 ausschließlich die primär beteiligten Muskeln genannt. Der Fokus liegt hierbei besonders auf den hervorgegangenen Einschränkungen im Brustbereich sowie des Hüftbeugers. Die in Tabelle 9 dargestellten Inhalten werden nachfolgend detailliert erklärt. Die Dehndauer sowie Intensität ist Tabelle 8 zu entnehmen.

Tab. 9 Übungsauswahl Zielmuskulatur

Muskel-Gelenk-System	Körperteil	Muskulatur	Dehnmethode
Schultergürtel mit oberen Extremitäten	Nacken	M. trapezius pars descendens	postisometrisch (passiv)
	Brust	M. pectoralis major M. biceps brachii M. deltoideus pars clavicularis	statisch - aktiv
	Schulter	M. trapezius Mm. rhomboidei	statisch – passiv
Wirbelsäule	Bauch (seitliche Rumpfmuskulatur)	M. latissimus dorsi M. obliquus externus abdominis M. obliquus internus abdominis	statisch - aktiv
	Rückenstrecker	Mm. Erector spinae (medial/lateral)	dynamisch - aktiv

Muskel-Gelenk-System	Körperteil	Muskulatur	Dehnmethode
Beckengürtel mit unteren Extremitäten	Hüftbeuger	M. iliopsoas M. rectus femoris	statisch - aktiv
	Gesäß	M. glutaeus maximus / medius / minimus M. piriformis	statisch - passiv
	Hinterseite Oberschenkel	M. biceps femoris M. semimembranosus M. semitendinosus	statisch - aktiv
	Vorderseite Oberschenkel	M. quadriceps femoris	statisch - aktiv
	Waden	M. gastrocnemius M. soleus	dynamisch - passiv

3.2.1 Nacken

Um die subjektiv empfundenen Rückenverspannungen zu lockern, sollte die Nackenmuskulatur gedehnt werden. Der Proband steht in aufrechter Körperhaltung und geradem Rücken im Stand. Herr X neigt den Kopf seitlich, während die Blickrichtung gerade nach vorne gerichtet bleibt. Die Dehnung wird erreicht indem Herr X den Kopf neigt und mit der gegenüberliegenden Hand, seitlich über den Kopf, knapp über das Ohr greift. Mit leichtem Zug wird der Kopf nun in Richtung Schulter nach unten gezogen. Die postisometrische Dehnung wird erreicht, indem der Klient nun den M. trapezius pars descendens anspannt. Er kontrahiert den Muskel isometrisch, indem er mit dem Kopf gegen die aufgelegte Hand drückt (6-10 Sekunden). Danach löst er die Hand vom Kopf, entspannt den Nacken für 2-3 Sekunden und nimmt anschließend die Dehnposition wieder ein. Der Dehnreiz wird abschließend 10 -20 Sekunden passiv eingenommen und gehalten (Hohmann, Lames & Letzelter, 2002, S. 100; Sölveborn, 1983, S. 13). Der Wechsel zwischen Anspannung und Entspannung wird bilateral ca. 60 Sekunden lang wiederholt.

3.2.2 Brust

Besonders im Brustbereich wurden anhand der Beweglichkeitstestung starke Limitierungen festgestellt. Herr X selbst klagt über die Einschränkungen und deren Auswirkungen auf sein Krafttraining. Für den Brustbereich wurde gezielt eine aktive Dehnung gewählt. Diese bietet den Vorteil einer Kontraktion des Antagonisten (oberer Rücken, hinterer Schulteranteil), welche zu einer gleichzeitigen Stärkung führt. Da Herr X bereits einen leichten Rundrücken aufweist, wirkt sich die Stärkung des Rückens positiv auf seine Haltung aus. Für die Dehnung werden die Arme im Stand, bis auf Schulterhöhe abduziert. Die Handinnenflächen sind nach vorne geöffnet. Im Schultergürtel findet eine Retraktion statt und der M. pectoralis major, sowie die sekundär wirkende Muskulatur, werden gedehnt.

3.2.3 Schulter

Herr X nimmt erneut den aufrechten, stabilen Stand ein. Mit gebeugtem Ellbogen wird ein Arm auf Brusthöhe gehoben und dann zur gegenüberliegenden Seite (vor der Brust) bewegt. Dieser wird nun vor dem Körper, mit der anderen Hand, fixiert. Die Dehnung wird erreicht, indem die freie Hand Druck auf den gebeugten Ellbogen ausübt und somit den Arm näher zum Körper heranführt. Nach 45 Sekunden wird der Arm herabgelassen und die Seite gewechselt.

3.2.4 Seitliche Rumpfmuskulatur

Der Proband steht Schulterbreit im Stand. Während der Brust und Rückenbereich aufrecht bleibt, werden die Arme in eine Anteversion gebracht. Der Oberkörper wird bei gerader Beckenachse seitlich geneigt, während der M. obliquus externus / internus abdominis der nicht gedehnten Seite kontrahiert wird. Der Zug wird erhöht, indem der Arm der freien Körperseite den gegenüberliegenden Arm am Handgelenk greift und diesen nach oben sowie in Beugerichtung zieht. Die Dehnposition wird 45 Sekunden gehalten und dann wechselseitig ausgeführt.

3.2.5 Rückenstrecker

Ausgangsposition zur Dehnung des Mm. erector spinae ist der Vierfüßlerstand. Die Arme werden senkrecht unter den Schultern platziert sowie die Knie unter der Hüfte. Der Bauch wird aktiv angespannt, während sich die Wirbelsäule nach oben wölbt. Zu beachten ist hierbei die Einhaltung des physiologischen Bewegungsspielraums. Im Wechsel wird der Bauch kontrahiert und entspannt, sodass sich die Wirbelsäule nach unten hinstreckt. Die dynamisch aktive Dehnmethode trägt zur Aufrechterhaltung einer natürlichen Lordose im LWS Bereich bei. Zusätzlich werden Verspannungen im LWS, sowie Brustwirbelsäulen Bereiches gelöst. Dies trägt zur Verminderung der Rückenschmerzen von Herrn X bei.

3.2.6 Hüftbeuger

Zur Dehnung der Hüftbeugemuskulatur wird ein Ausfallschritt eingenommen. Ein Bein wird gerade vorm Körper abgestellt. Das Kniegelenk sollte über dem Fußgelenk im 90° Winkel gebeugt sein. Der Fuß steht flach auf der Unterlage. Das hintere Bein steht auf der Zehenspitze. Der Oberkörper bleibt aufrecht, die Hände sind seitlich an der Hüfte abgelegt. Die Dehnschwelle wird erreicht, indem das Becken nach vorne abgesenkt wird. Das hintere Bein ist dabei gestreckt und der antagonistische Hüftstrecker kontrahiert. Die statische Position wird für 45 Sekunden gehalten.

3.2.7 Gesäß

Der Proband liegt in der Ausgangsposition auf dem Rücken. Ein Bein steht mit gebeugtem Kniegelenk auf der Unterfläche. Indem das zu dehnende Bein in der Hüfte außenrotiert wird, ist es möglich gleichnamiges Bein mit dem Unterschenkel auf dem vorderen Oberschenkel, des freien Beins, abzulegen. Mit beiden Händen greift der Proband an die Hinterseite des Oberschenkels um es von der Unterlage zu lösen und zum Thorax zu ziehen. Die dabei entstehende Spannung dehnt den M. glutaeus (maximus, medius, minimus) des übergelegten Beins. Der Unterschenkel des Stützbeins hängt währenddessen locken nach unten und die LWS berührt die Matte. Nachdem die statische, passive Dehnung für ca. 45 Sekunden gehalten wurde, wechselt Herr X die Seite.

3.2.8 Hinterseite Oberschenkel

Der Proband nimmt erneut die Rückenlage ein. Das freie Bein wird im Kniegelenk angewinkelt und steht mit ganzem Fuß auf dem Boden. Das zu dehnende Bein wird mit beiden Händen an der Rückseite des Oberschenkels umfasst und zum Brustkorb gezogen. Um die max. Dehnung zu erreichen wird das angehobene Bein im Antagonisten (Oberschenkel Vorderseite) kontrahiert und somit maximal im Kniegelenk gestreckt. Diese Position wird 45 Sekunden gehalten und zählt daher zu den statischen Dehnübungen.

3.2.9 Vorderseite Oberschenkel

Da Herr X seinen Gleichgewichtssinn, besonders bei einbeinigen Übungen, als schlecht einstuft wird die Dehnung des M. quadriceps femoris im Liegen ausgeführt. Dabei liegt der Proband auf der Seite des freien Beins. Der am Boden befindliche Arm wird als Verlängerung der Wirbelsäule, über den Kopf nach oben gestreckt und liegt auf der Unterfläche auf. Der Kopf wird entspannt auf dem freien Arm abgelegt. Alternativ (bei zu großer Spannung im Brustbereich) kann der Arm im Ellbogen nach hinten angewinkelt werden. Gedehnt wird obenliegendes Bein indem ein Arm dieses kurz oberhalb des Sprunggelenks greift und nach hinten anwinkelt. Das Becken bleibt in dieser Position senkrecht zum Boden und beide Beine sind parallel aufeinander. Spannung wird erzeugt indem die Gesäß Muskulatur angespannt wird und das Becken somit leicht nach vorne verlagert wird. Diese aktive Dehnung, durch Kontraktion des M. glutaeus wird statisch für 45 Sekunden gehalten.

3.2.10 Waden

Der Proband steht mit nach vorne gerichteten Zehenspitzen im Stand. Beide Arme hängen locker seitlich am Körper oder sind an der Hüfte abgelegt. Ein Bein wird nach hinten, mit dem ganzen Fuß auf der Unterfläche, abgestellt. Das vordere, freie Bein wird nun im Kniegelenk gebeugt, während das zu dehnende Bein gestreckt bleibt. Die Dehnung im M. gastrocnemius sowie M. soleus wird durch eine Dorsalextension erreicht. Der Körperschwerpunkt verlagert sich dabei auf das vordere Bein. Der Winkel im vorderen Knie wird dynamisch im Wechsel vergrößert bzw. verkleinert. Hierbei verlagert sich der Schwerpunkt wieder mittig und die Dehnung wird verringert. Gedehnt wird im Wechsel, in moderater Geschwindigkeit, 45 Sekunden.

3.3 Begründung

Da Herr X bisher keine spezifischen Erfahrungen im Beweglichkeitstraining aufweisen kann, empfiehlt es sich den ganzen Körper mit einzubeziehen. Walker (2014) empfiehlt zudem die Dehnung der Antagonisten von verspannten Muskelgruppen. Da der Klient das Beweglichkeitstraining an trainingsfreien Tagen durchführen wird, wurden jegliche Hilfsmittel außenvor gelassen, um ihm ein ortsunabhängiges Training zu ermöglichen. Aufgrund der vorangegangenen Testung sowie des Wunsches von Herrn X, wurde der Schwerpunkt dennoch auf die Brust- sowie Hüftbeugemuskulatur gesetzt. Speziell in für beide Muskelgruppen wurde die aktive Dehnmethode gewählt, da diese gleichzeitig eine Kräftigung der Antagonisten hervorruft und somit eine langfristige Verbesserung erzielen kann. Der Proband leidet zudem an nicht orthopädisch bedingten Schmerzen im Nacken-bereich. Wiemann (1994) zeigte in Studien, dass bei postisometrischen Dehnungen, die maximal tolerierte Dehnspannung deutlich höher liegt als bei anderen Methoden. Grund dafür scheint eine Erhöhung der Schmerztoleranz zu sein (Wiemann, 1991).

4 Koordinationstraining

„Aus neuromuskulärer Sicht bezeichnet Koordination das Zusammenwirken von Zentral-nervensystem und Skelettmuskulatur innerhalb eines gezielten Bewegungsablaufes" (Hollman & Hettinger, 2000, S.143).

Koordination ist die Grundlage für jegliche Bewegung innerhalb der motorischen Fähig-keiten. Diese wird je nach Art der Bewegung in anderem Ausmaß beansprucht. Koordi-nation bedeutet das Erlernen, Steuern sowie Anpassen von Bewegungsabläufen. Koordi-nation kann somit ein limitierender Faktor im Bezug auf die Leistungsfähigkeit sein, da-her gilt es diese im Rahmen eines Koordinationstrainings zu stärken. Anhand des Koor-dinationsanforderungsregler (KAR) von Neumaier und Mechling (2009) wird ein allge-meines Training mit Schwerpunkt auf Propriozeption erstellt. Propriozeptives Training ist ein Teilaspekt der Koordination und bedeuten Tiefensensibilität sowie die Eigenwahr-nehmung (Quante & Hille, 1999).

Abb. 1: KAR Modell (modifziert nach Neumaier & Mechling, 2009)

4.1 Belastungsparameter

Tab. 10: Belastungsparameter Koordinationstraining (modifiziert nach Chwilkowski, 2006, S.61; Häfelinger & Schuba, 2007, S.61)

Häufigkeit pro Woche	3-4
Sätze pro Übung	3
Satzdauer in Sekunden	5-60 (statisch)
Wiederholungen	5-30 (dynamisch)
Satzpausen in Sekunden	30

4.2 Übungsauswahl und Durchführung

Tab. 11: Übungsauswahl und Durchführung Koordinationstraining

Übung	Durchführung	Hilfsmittel / Methodik
Einbeinstand	Ausgangsposition ist der stabile Stand. Der Proband stell sich auf ein Bein, hält diese Position 15 Sekunden statisch und wechselt nach 3 Sätzen die Seite.	statisch
Einbeinstand	Ausgangsposition ist der stabile Stand. Der Proband stellt sich auf ein Bein und beginnt dieses in rhythmischer Bewegung nach vorne und hinten zu Schwingen. Die Arme werden dabei gegengleich bewegt.	dynamisch
Einbeinstand mit Ball	Der Proband nimmt den stabilen Stand ein, hebt ein Bein nach vorne angewinkelt vom Boden ab. Der Ball wird einseitig 5-10 Sek. Gehalten, dann über den Kopf gewechselt und dort erneut 5-10 Sek. Gehalten. Die Übung wird bilateral ausgeführt.	Ball / dynamisch
Zweibeinstand auf Therapiekreisel	Beide Beine werden mittig auf einem Therapiekreisel platziert. Die Position wird 30 Sekunden stabilisiert	Therapiekreisel / statisch

Übung	Durchführung	Hilfsmittel / Methodik
Zweibeinstand auf Therapiekreisel	Beide Beine werden mittig auf einem Therapiekreisel platziert. Die Position wird stabilisiert während das Becken nach hinten unter verlagert wird (Kniebeuge).	Therapiekreisel / dynamisch
Einbeinstand auf Therapiekreisel	Ein Bein wird mittig auf dem Kreisel platziert. Die Position wird ca. 30 Sekunden gehalten mit je 3 Sätzen pro Seite.	Therapiekreisel / statisch
Einbeinstand auf Therapiekreisel mit geschlossenen Augen	Ein Bein wird mittig auf dem Kreisel platziert. Die Position wird kurz stabilisiert, dann schließt der Proband für 15 Sekunden beide Augen. Beidseitig je 3 Sätze.	Therapiekreisel / statisch
Zweibeinstand mit Flexibar	Ausgangsposition ist der stabile Stand. Die Flexibar wird waagerecht für 30 Sekunden zum Schwingen gebracht.	Flexibar / dynamisch
Zweibeinstand mit Flexibar	Ausgangsposition ist der stabile Stand. Die Flexibar wird zum Schwingen gebracht. Der Proband verlagert sein Becken nach hinten unten in eine Kniebeugeposition, während die Arme über den Kopf gehoben werden. Die dynamische Durchführung (setzen – Arme heben / aufstehen – Arme senken) dauert 15 Sekunden je Satz.	Flexibar / dynamisch
Einbeinstand mit Flexibar	Der Proband steht auf einem Bein, während auf der gleichen Seite der senkrechte Stab zum Schwingen gebracht wird.	Flexibar / dynamisch

4.3 Begründung

Die methodisch-didaktischen Prinzipien des Koordinationstrainings wurden beachtet.. Die Übungen entsprechen der progressiven Belastungssteigerung nach Chwilkowski (2006, S.56-58). Da Herr X konkrete Anforderungen an das Koordinationstraining gestellt hat, wurde speziell auf sein Gleichgewicht eingegangen. Gesteigert wird die Komplexität durch den Wechsel auf stabilen zu instabilem Untergrund, sowie durch die Eliminierung der visuellen Orientierung (geschlossene Augen). Neben dem Gleichgewichtssinn wird mithilfe der Flexibar zusätzlich eine Stärkung der Rumpfmuskulatur bezweckt. Dies hat langfristig gesehen, eine kräftigende Wirkung und kann somit die Rückenschmerzen von Herrn X verringern.

5 Literaturrecherche

Die in Tabelle 12 dargestellten Inhalten beziehen sich auf zwei Studien mit gleicher Forschungsfrage, die Effekte des Dehnens auf Verbesserung der sportlichen Leistungsfähigkeit

Tab. 12: Studienvergleich zum Thema Dehneffekte

„Effects of a static stretching program on the incidence of lower extremity musculotendinous strains."	**Titel**	A randomized trial of preexercise stretching for prevention of lower-limb injury
Kevin M. Cross, MEd, ATC and Ted W. Worrell, EdD, PT, ATC	**Autoren**	Pope, R. P., Herbert, R. D., Kirwan, J.D., Graham, B. J.
1999	**Publikationsjahr**	2000
Welche Effekte hat ein statisches Dehnprogramm auf die Häufigkeit an Muskelzerrungen?	**Forschungsfrage**	Welche Effekte hat ein Dehntraining während des Aufwärmens auf das Risiko von Trainings bedingten Verletzungen.
195 männliche Division 3 college football Spieler	**Versuchspersonen**	1538 männliche Army Rekruten
Es wurde analysiert wie viele Muskelzerrungen es bei den Probanden in den Jahren 1994 bis 1995 gab. Alle Variablen der beiden Saisonen waren gleich, bis auf den Einbau eines Unterkörper Dehnprogramms. Beide Saisonen wurde zahlenmäßig verglichen. Gezählt wurden Muskelzerrungen die mindestens einen Tag Absenz vom Training zur Folge hatten. Untersucht wurden hierbei: M. biceps femoris,, M. quadriceps femoris, Adduktoren, M. gastrocnemius, M. soleus. Das Dehntraining wurde direkt vor einem Herzkreislauf Training absolviert und bestand aus: stehenden Dehnübungen für die Zielmuskulatur. Die Dehnung wurde nach Erreichen der Dehnschwelle 15 Sekunden gehalten und mit je 3 Sätzen bilateral durchgeführt.	**Versuchsaufbau**	Die Studie wurde randomisiert in zwei Gruppen aufgeteilt. Die Indikationsgruppe bestand aus 753 Soldaten, die Kontrollgruppe aus 803. Beide absolvierten 12 Wochen lang die gleichen Trainingseinheiten, die Dehngruppe führte allerdings während des Aufwärmens ein spezielles Dehnprogramm durch: für 6 Muskelgruppen (M. gastrocnemius, M. soleus, M. biceps femoris, M. quadriceps femoris, Adukktoren, Hüftbeuger) je 20 Sekunden statische Dehnübung.
Es konnte eine Signifikante Reduktion der Zahl an Unterkörper Muskelzerrungen 1995 im Vergleich zum 1994 festgestellt wurden (1994: 43 Verletzungen / 1995: 21 Verletzungen)	**Schlussfolgerung**	Es wurden 158 Verletzungen in der Dehngruppe sowie 175 Verletzungen in der Kontrollgruppe verzeichnet. Es gab keine signifikanten Effekte des Dehntrainings auf: Weichgewebssowie Knochenverletzungen.

6 Literaturverzeichnis

Chwillkowski, C. (2006). *Medizinische Koordinationstraining – Verbesserung der Haltungs- und Bewegungskoordination durch Propriozeption* (2. Aufl.). Köln: Deutscher Trainer Verlag.

Cross, K. M., & Worell, T. W. (1999). Effects of a static stretching programm on the incidence of lower extremity musculotendinous strains. *Journal of Atheltic Training*, 34 (1), 11 – 14.

Franco, B. L., Signorelli, G. R., Trajano, G. S. & De Oliveira, C. (2008) Acute effects of different stretching exercises on muscular endurance. *Journal of Strenght and Conditioning Research, 22* (6), 1832-1837.

Freiwald, J. (2004). *Dehnen, Legenden, Fakten. Vortrag,* Waldenburg.

Häfelinger, U. & Schuba, V. (2007). *Koordinationstherapie – propriozeptives Training* (Wo Sport Spaß macht, 3., überarb. Aufl.). Aachen: Meyer & Meyer.

Hohmann, A., Lames, M. & Letzelter, M. (2002). *Einführung in die Trainingswissenschaft* (Limpert Sportwissenschaft, 2. Aufl.). Wiebelsheim: Limpert.

Hollmann, W. & Hettinger, T. (2000). *Sportmedizin. Grundlagen für Arbeit Training und Präventivmedizin* (4 Aufl.). Stuttgart: Schattauer.

Janda, V. (2000). *Manuelle Muskelfunktionsdiagnostik* (4. Aufl.). München: Urban & Fischer.

Martin, D., Carl, K. & Lehnertz, K. (1993). *Handbuch Trainingslehre* (2. Aufl.). Schorndorf: Hofmann.

Marschall, F. (1999). Wie beeinflussen unterschiedliche Dehnintensitäten kurzfristig die Veränderung der Bewegungsreichweite? *Deutsche Zeitschrift für Sportmedizin, 50* (1), 5-9.

Neumaier, A., Mechling, H. (2009). *Koordinatives Anforderungsprofil und Koordinationstraining* (3. Aufl.). Köln: Strauß Verlag.

Pope, R. P., Herbert, R. D., Kirwan, J. D., Graham, B. J. (2000) A randomized trial of preexercise stretching for prevention of lower-limb injury. *Medicine and Science in Sports and Exercise,* (Vol. 32, No. 2). 271–277

Rancour, J., Holmes, C. F. & Cipriani, D.J. (2009). The effects of intermittent stretching following a 4-week static stretching protocol: a randomized trial. *Journal of strenght and conditioning research / National Strenght & Conditioning Association, 23* (8), 2217-2222.

Schönthaler, S. R. & Ohlendorf, K. (2002). *Biomechanische neurophysiologische Veränderungen nach ein- und mehrfach seriellem passiv-statischem Beweglichkeitstraining* (Wissenschaftliche Berichte und Materialien / Bundesinstitut für Sportwissenschaft, 1. Aufl.). Köln: Sport und Buch Strauß.

Sölveborn, S.-A. (1983). *Das Buch vom Stretching – Beweglichkeitstraining durch Dehnen und Strecken* (2. Aufl.). München: Mosaik.

Walker, B. (2014). *Anatomie des Stretchings: mit der richtigen Dehnung zu mehr Beweglichkeit.* München: Riva Verlag.

Wiemann, K. (1991). *Beeinflussung muskulärer Parameter durch ein zehnwöchiges Dehnungstraining.* Waldenburg: Sport Consult.

Wiemann, K. (1994). *Beeinflussung muskulärer Parameter durch unterschiedliche Dehnverfahren.* Waldenburg: Sport Consult.

Quante, M. & Hille, E. (1999). Propriozeption: eine kritische Analyse zum Stellenwert in der Sportmedizin. *Deutsche Zeitschrift für Sportmedizin, 50 (10), 36-310.*

7 Abbildungs- und Tabellenverzeichnis

7.1 Tabellenverzeichnis

7.2 Abbildungsverzeichnis